लव और कुश कथा

विवेक कुमार पांडे शंभूनाथ

क्रम-सूची

प्रस्तावना

इस किताब में लव और कुश की जन्म कथा एवं उत्तर रामायण कथा है। इस किताब को लिखने के दौरान कोई भी धर्म या जाति एवम् किसी भी परिवार के सदस्य को नुक्सान नहीं पहुंचाया गया है। हम किसी को भी ठेस नहीं पहुंचाना चाहते हैं।

भूमिका

लेखक जीवनी

मेरा नाम विवेक कुमार पांडे है और मैं एक लेखक हु , में गुजरात के सुरत में निवास करता हूं.मेरा जन्म ३० सेप्टेंबर २००२ में हुआ था, और मुझे बचपन से एक्टर बनने का सोख रहा है और अभी भी है.। में कभी ये नहीं सोचता की लोग क्या कर रहे हैं में ये सोचता हूं कि में क्या कर रहा हूं, में आज सफल हूं तो अपने पापा की वजह से आज वो रहते तो उन्हें बहुत खुशी होती , वो सदा और हमेशा मेरे साथ रहेंगे.। मेरे रियल लाइफ के सुपरस्टार और सुपर हीरो मेरे प्यारे पापा है । आई लव यू पापा । पापा को मेरे हाथ कि चाय बहुत अच्छी लगती थी ।

जब उनका मन करता था चाय पीने के लिए तो वो कहते थे । मुझे चाय पीना है कौन बनाएगा मम्मी कहती में बना देती हूं लेकिन पापा कहते नहीं मेरा बेटा बनाएंगा । उसके हाथ कि चाय मुझे बहुत अच्छा लगता है । जब भी काम करके घर आने वाले होते हैं तब मुझे फोन करते है विवेक बेटा बोलो क्या खाओगे सेब ले लु । में कहता ठीक है पापा ले लिजिए । पापा कहते कितना लू एक किलो या 2 किलो । में कहता नहीं पापा सिर्फ में ही खाता हूं भईया और दीदी को फल अच्छा ही नहीं लगता है इसलिए 3 सेब ले लेना । लेकिन पापा मेरे लिए दो तीन किलो फल लेकर आ ही जाते थे । पहले ले लेते फिर मुझे फोन करते । हमेशा ऐसा ही करते थे ।

में ये नहीं कह रहा हूं कि मुझे बहुत ज्यादा प्यार और मानते थे । वो अपने तीनों संतानों को प्यार करते थे । सबसे छोटा तो में ही था घर में , मुझसे बड़ी मेरी बहन और मेरी बहन से भी बडे मेरे भईया । में आज भी वो दिन का इंतजार कर रहा हूं जब पापा मेरे लिए कुछ लेकर आएंगे । मेरे कान तरस रहे है वो आवाज़ सुनने के लिए । लेकिन कहते हैं जो चीज चली जाए वो कभी लौटकर नहीं आती है । आप सभी से निवेदन है आप अपने मम्मी और पापा का ध्यान रखें । दुनिया में एक ही भगवान है वो है माता ओर पिता ।

में बहुत ही शरारती था बचपन में । मुझे किताब लिखने का शोख बचपन से ही था । जब में तीसरी कक्षा में पढ़ता था । तब से ही किताब लिखता था में और मेरा दोस्त हम दोनों किताब लिखके सभी को दिखाते थे और कहते थे जिन्हें मेरा किताब अच्छा लगे तो अपना हस्ताक्षर कर दे । मेरे अंदर एक बहुत ही खास विशेषता है में किसी के चक्कर में नहीं रहता हूं । कौन क्या कर रहा है करने दो मुझे कुछ फर्क नहीं पड़ता है । मुझे सिर्फ अपने आप पर ध्यान देना है ।

क्योंकि दुनिया में ऐसे भी लोग हैं जो नहीं खुद कुछ करना चाहते हैं और नहीं दुसरो को कुछ करने देना चाहते हैं । एक बात ध्यान रखें अगर आप कोई भी नया काम करते हैं तो पहले लोग ताना मारते ही है । ये मत करो वो मत करो तुम्हारे बस कि बात नहीं है , तुम नहीं कर सकते हो . मुझे यह पता नहीं चलता लोग इतना सुझाव क्यों देते हैं । हमें जो करना है

हम वहीं करेंगे । कई लोग हैं जो दुसरो के कहने पर वही करते हैं लेकिन मैं आपसे कह रहा हूं आप जो करना चाहे वो करे किसी के कहने पर खाई में मत कुदे । आपकी जिंदगी आपके ही हाथों में है लोगों के हाथों में नहीं है ।

मेरा बस एक ही सपना है की में नाम कमाकर अपने पिताजी का अधुरा सपना पूरा करूं ।

1

लव और कुश

लव और कुश

लव और कुश : भरत के दो पुत्र थे- तार्क्ष और पुष्कर। लक्ष्मण के पुत्र- चित्रांगद और चन्द्रकेतु और शत्रुघ्न के पुत्र सुबाहु और शूरसेन थे। मथुरा का नाम पहले शूरसेन था। लव और कुश राम तथा सीता के जुड़वां बेटे थे। जब राम ने वानप्रस्थ लेने का निश्चय कर भरत का राज्याभिषेक करना चाहा तो भरत नहीं माने। अतः दक्षिण कोसल प्रदेश (छत्तीसगढ़) में कुश और उत्तर कोसल में लव का अभिषेक किया गया।

राम के काल में भी कोशल राज्य उत्तर कोशल और दक्षिण कोसल में विभाजित था। कालिदास के रघुवंश अनुसार राम ने अपने पुत्र लव को शरावती का और कुश को कुशावती का राज्य दिया था। शरावती को श्रावस्ती मानें तो निश्चय ही लव का राज्य उत्तर भारत में था और कुश का राज्य दक्षिण कोसल में। कुश की राजधानी कुशावती आज के बिलासपुर जिले में थी। कोसला को राम की माता कौशल्या की जन्मभूमि माना जाता है। रघुवंश के अनुसार कुश को अयोध्या जाने के लिए विंध्याचल को पार करना पड़ता था इससे भी सिद्ध होता है कि उनका राज्य दक्षिण कोसल में ही था।

राजा लव से राघव राजपूतों का जन्म हुआ जिनमें बर्गुजर, जयास और सिकरवारों का वंश चला। इसकी दूसरी शाखा थी सिसोदिया राजपूत वंश की जिनमें बैछला (बैसला) और गैहलोत (गुहिल) वंश के राजा हुए। कुश से कुशवाह (कछवाह) राजपूतों का वंश चला।

ऐतिहासिक तथ्यों के अनुसार लव ने लवपुरी नगर की स्थापना की थी, जो वर्तमान में पाकिस्तान स्थित शहर लाहौर है। यहां के एक किले में लव का एक मंदिर भी बना हुआ है। लवपुरी को बाद में लौहपुरी कहा जाने लगा। दक्षिण-पूर्व एशियाई देश लाओस, थाई नगर लोबपुरी, दोनों ही उनके नाम पर रखे गए स्थान हैं।

राम के दोनों पुत्रों में कुश का वंश आगे बढ़ा तो कुश से अतिथि और अतिथि से, निषधन से, नभ से, पुण्डरीक से, क्षेमन्धवा से, देवानीक से, अहीनक से, रुरु से, पारियात्र से, दल से, छल से, उक्थ से, वज्रनाभ से, गण से, व्युषिताश्व से, विश्वसह से, हिरण्यनाभ से, पुष्य से,

ध्रुवसंधि से, सुदर्शन से, अग्निवर्ण से, पद्मवर्ण से, शीघ्र से, मरु से, प्रयुश्रुत से, उदावसु से, नंदिवर्धन से, सकेतु से, देवरात से, बृहदुक्थ से, महावीर्य से, सुधृति से, धृष्टकेतु से, हर्यव से, मरु से, प्रतीन्धक से, कृतिरथ से, देवमीढ़ से, विबुध से, महाधृति से, कीर्तिरात से, महारोमा से, स्वर्णरोमा से और ह्रस्वरोमा से सीरध्वज का जन्म हुआ।

कुश वंश के राजा सीरध्वज को सीता नाम की एक पुत्री हुई। सूर्यवंश इसके आगे भी बढ़ा जिसमें कृति नामक राजा का पुत्र जनक हुआ जिसने योग मार्ग का रास्ता अपनाया था। कुश वंश से ही कुशवाह, मौर्य, सैनी, शाक्य संप्रदाय की स्थापना मानी जाती है।

एक शोधानुसार लव और कुश की 50वीं पीढ़ी में शल्य हुए, जो महाभारत युद्ध में कौरवों की ओर से लड़े थे। यह इसकी गणना की जाए तो लव और कुश महाभारतकाल के 2500 वर्ष पूर्व से 3000 वर्ष पूर्व हुए थे। इसके अलावा शल्य के बाद बहत्क्षय, ऊरुक्षय, बत्सद्रोह, प्रतिव्योम, दिवाकर, सहदेव, ध्रुवाश्च, भानुरथ, प्रतीताश्व, सुप्रतीप, मरुदेव, सुनक्षत्र, किन्नराश्रव, अन्तरिक्ष, सुषेण, सुमित्र, बृहद्रज, धर्म, कृतज्जय, व्रात, रणज्जय, संजय, शाक्य, शुद्धोधन, सिद्धार्थ, राहुल, प्रसेनजित, क्षुद्रक, कुलक, सुरथ, सुमित्र हुए।

2

अभ्यागतों की विदाई

अब श्री रामचन्द्र जी नियमपूर्क प्रतिदिन राजसभा में बैठकर राजकाज संभालकर शासन चलाने लगे। कुछ दिन पश्चात् राजा जनक विदा होकर मिथिला के लिये प्रस्थान किया। इसके पश्चात् कैकेय नरेश युधाजित, काशिराज प्रतर्दन तथा अन्य आगत राजा महाराजा भी विनयपूर्वक अयोध्या से विदा हुये। फिर उन्होंने सुग्रीव, हनुमान, अंगद, नील, नल, केसरी कुमुद, गन्धमादन, सुषेण, पनस, वीरमैन्द, द्विविद, जाम्बवन्त, गवाक्ष, विनत, धूम्र, बलीमुख, प्रजंघ, सन्नाद, दरीमुख, दधिमुख, इन्द्रजानु तथा अन्य वानर यूथपतियों को नाना प्रकार के वस्त्राभूषण-रत्नादि देकर सम्मानित किया और उनकी भूरि-भूरि प्रशंसा करके उन्हें विदा किया।

फिर वे विभीषण को विदा करते हुये उनसे बोले, “राक्षसराज! तुम धर्मपूर्वक लंका पर शासन करना। तुम धर्मात्मा हो। मुझे विश्वास है कि तुम कभी धर्म विरुद्ध कोई कार्य नहीं करोगे। अपनी प्रजा का पुत्रवत् पालन करना।”

विदा होने से पहले हनुमान बोले, “प्रभो! मुझे ऐसा वर दीजिये कि आपके प्रति मेरी अटूट भक्ति सदा बनी रहे। आपके सिवा कहीं और मेरा आन्तरिक अनुराग न हो। इस पृथ्वी पर जब तक राम कथा प्रचलित रहे, तब तक मेरे प्राण इस शरीर में ही बसे रहें।”

हनुमान की बात सुनकर श्रीराम ने उन्हें हृदय से लगा लिया और बोले, “ऐसा ही होगा।” संसार में जब तक मेरी कथा प्रचलित रहेगी, तब तक तुम्हारे प्राण भी तुम्हारे शरीर में बने रहेंगे। तुमने जो उपकार किये हैं, उनके लिये मैं सदा तुम्हारा ऋणी रहूँगा।” फिर वे सब लोग श्रीराम का गुणगान करते हुये वहाँ से विदा हुये।

विभीषण, सुग्रीव, हनुमान आदि के विदा हो जाने पर भरत बोले, “राघव! आपको राजसिंहासन पर बैठे एक मास हुआ है। इस अवधि में सभी लोग स्वस्थ और निरोग दिखाई देते हैं। बूढ़े आदमियों के पास भी मृत्यु फटकने में हिचकती है। सभी बाल-युवा नर-नारियों के शरीर हृष्ट-पुष्ट और कान्तिमय प्रतीत होते हैं। मेघ समय पर अमृत के समान जल बरसाते हैं। हवा ऐसी चलती है कि उसका स्पर्श सुखद और शीतल जान पड़ता है।”

भरत की ये बातें सुनकर श्रीराम अत्यन्त प्रसन्न हुए।

3

पुरवासियों में अशुभ चर्चा

जब अयोध्या में शासन करते हुये बहुत समय बीत गया तब एक दिन रामचन्द्रजी सीता के गर्भवती होने का समाचार पाकर अत्यन्त प्रसन्न हुये। वे सीता से बोले, "विदेहनन्दिनी! अब तुम शीघ्र इक्ष्वाकुवंश को पुत्ररत्न प्रदान करोगी। इस समय तुम्हारी क्या इच्छा है? मैं तुम्हारा मनोरथ अवश्य पूरा करूँगा। तुम निःसंकोच होकर अपने मन की बात कहो।"

पति के मृदु वचन सुनकर सीताजी मुस्कुराकर बोलीं, "स्वामी! मेरी इच्छा एक बार उन पवित्र तपोवनों को देखने की हो रही है। मैं कुछ समय उन महर्षि तपस्वियों के पास रहना चाहती हूँ जो कन्द-मूल-फल खाकर गंगा के तट पर तपस्या करते हैं। कम से कम एक रात्रि वहाँ निवास करके मैं उन्हें उग्र तपस्या करते देखना चाहती हूँ। इस समय यही मेरी अभिलाषा है।"

हृदयेश्वरी की अभिलाषा जानकर रघुनन्दन बोले, "सीते! तुम्हारी अभिलाषा मैं अवश्य पूरी करूँगा। तुम निश्चिंत रहो। कल प्रातःकाल ही मैं तुम्हें गंगातट वासी ऋषियों के आश्रम की ओर भेजने की व्यवस्था करा दूँगा।" सीता को आश्वासन देकर श्रीराम राजदरबार में चले गये। राजदरबार से निवृत हो वे अपने मित्रों में बैठकर हास्यविनोद की वार्ता करने लगे। मित्रमण्डली में उनके बालसखा विजय, मधुवत्त, काश्यप, मंगल, कुल, सुराजि, कालिय, भद्र, दन्तवक्त्र और सुभागध थे।

बातो ही बातों में रामचन्द्र ने पूछा, "भद्र! आजकल नगर में किस बात की चर्चा विशेषरूप से होती है? नगर और जनपद के लोग मेरे, सीता, भरत-लक्ष्मण आदि भाइयों और माता कैकेयी के विषय में क्या-क्या बातें करते हैं? प्रायः देखा जाता है कि राजा यदि आचार-विचार से हीन हो तो सर्वत्र उसकी निन्दा होती है।"

भद्र ने उत्तर दिया, "सौम्य! सर्वत्र आपके विषय में अच्छी ही चर्चा सुनने को मिलती है। दशग्रीव पर जो आपने विजय प्राप्त की है, उसको लेकर सब लोग आपकी खूब प्रशंसा करते हैं और आपकी वीरता के कहानी अपने बच्चों को बड़े उत्साह से सुनाते हैं।"

रामचन्द्र बोले, "भद्र! ऐसा नहीं हो सकता कि सब लोग मेरे विषय में सब अच्छी ही बातें कहें। कुछ ऐसी भी बातें हो सकती हैं जो उन्हें अच्छी न लगती हों। संसार में सभी प्रवृति के लोग होते हैं। इसलिये तुमने जो कुछ भी सुना हो निश्चिंत होकर बेखटके कहो। यदि उन्हें मुझमें कोई दोष दिखाई देता होगा तो मैं उसे दूर करने की चेष्ट करूँगा।"

यह सुनकर भद्र बोला, "वे कहते हैं कि श्रीराम ने समुद्र पर पुल बाँध कर ऐसा दुष्कर कार्य किया है जिसे देवता भी नहीं कर सकते। रावण को मारकर वानरों को भी वश में कर लिया परन्तु एक बात खटकती है। रावण को मारकर उस सीता को घर ले आये जो इतने दिनों तक रावण के पास रही। फिर सीता से घृणा करने के बजाय उन्होंने उसे कैसे अपने पास रख लिया? भला सीता का चरित्र क्या वहाँ पवित्र रहा होगा? अब प्रजाजन भी ऐसी स्त्रियों को अपने घरों में रखने लगेंगे क्योंकि जैसा राजा करता है, प्रजा भी वैसा ही करती है। इस प्रकार सारे नगर निवासी भिन्न-भिन्न प्रकार की बातें करते हैं।"

भद्र की बात का अन्य साथियों ने भी यह कहकर समर्थन किया कि 'हमने भी ऐसी बातें लोगों के मुख से सुनी हैं।' सबकी बात सुनकर राजा राम ने उन्हें विदा किया और इस विषय पर गम्भीरतापूर्वक विचार करने लगे। फिर उन्होंने द्वारपाल को आज्ञा देकर अपने तीनों भाइयों को बुलाया। भाइयों ने आकर उन्हें सादर प्रणाम किया और देखा, श्रीराम बहुत उदास हैं तथा उनके नेत्रों में आँसू डबडबा रहे हैं। श्रीराम ने बड़े आदर से अपने भाइयों को अपने पास बिठाकर कहा, "बन्धुओं! मैंने तुम्हें इसलिये बुलाया है कि मैं तुम्हें उस चर्चा की जानकारी दे दूँ जो पुरवासियों में मेरे और सीता के विषय में चल रही है।

उनमें सीता के चरित्र के विषय में घोर अपवाद फैला हुआ है और मेरे विषय में भी उनके मन में घृणा के भाव हैं। लक्ष्मण! यह तो तुम जानते ही हो कि सीता ने अपने चरित्र की पवित्रता सिद्ध करने के लिये सबके सामने अग्नि में प्रवेश किया था और उस समय स्वयं अग्निदेव ने उन्हें निर्दोष बताया था। इस प्रकार विशुद्ध आचार वाली सीता को स्वयं देवराज इन्द्र ने मेरे हाथों में सौंपा था। फिर भी अयोध्या में यह अपवाद फैल रहा है और लोग मेरी निन्दा कर रहे हैं।

मैं लोक निन्दा के भय से अपने प्राणों को और तुम्हें भी त्याग सकता हूँ, फिर सीता का परित्याग करना तो मेरे लिये तनिक भी कठिन नहीं होगा। इसलिये लक्ष्मण! कल प्रातः तुम सारथी सुमन्त के साथ सीता को ले जाकर राज्य की सीमा से बाहर छोड़ आओ। गंगा के उस पार तमसा के तट पर महर्षि वाल्मीकि का आश्रम है। उसके निकट उन्हें छोड़कर लौट आना। मैं तुम लोगों को अपने चरणों और जीवन की शपथ देता हूँ, मेरे निर्णय के विरुद्ध कोई कुछ मत कहना। सीता ने गंगातट पर ऋषियों के आश्रम देखने की इच्छा प्रकट की थी, वह भी पूरी हो जायेगी।"

फिर गहरी साँस भरकर नेत्रों में आये आँसू पोंछकर वे मौन हो गये।

4

सीता का निर्वासन

प्रातःकाल बड़े उदास मन से लक्ष्मण ने सुमन्त से सुन्दर घोड़ों से युक्त रथ लाने के लिये कहा। उसमें सीता जी के लिये एक सुरम्य आसन लगाने का भी आदेश दिया। सुमन्त के पूछने पर बताया कि उन्हें जानकी के साथ महर्षियों के आश्रम पर जाना है। रथ आ जाने पर लक्ष्मण सीता जी के पास जाकर बोले, "देवि! आपने महाराज से मुनियों के आश्रमों में जाने की अभिलाषा प्रकट की थी। अतएव मैं महाराज की आज्ञा से तैयार होकर आ गया हूँ ताकि आपको गंगा तट पर ऋषियों के पवित्र आश्रमों तक पहुँचा सकूँ।

लक्ष्मण के वचन सुनकर सीता जी प्रन्नतापूर्व उनके साथ चलने को तैयार हो गईं। मुनिपत्नियों को देने के लिये उन्होंने अपने साथ बहुत से बहुमूल्य वस्त्र, आभूषण और नाना प्रकार के रत्न रख लिये। उन दोनों को रथ पर सवार कराकर सुमन्त द्रुतगति से रथ को वन की ओर ले चला। मार्ग में सीता लक्ष्मण से कहने लगी, "वीरवर! मुझे बहुत से अपशकुन दिखाई दे रहे हैं। मेरी दायीं आँख फड़क रही है, शरीर काँप रहा है, हृदय अस्वस्थ सा प्रतीत हो रहा है। तुम्हारे भाई कुशल से तो हैं? मेरी सब सासुएँ सानन्द तो हैं?"

सीता की अधीर वाणी सुनकर लक्ष्मण ने अपने मन की उदासी दबाकर उन्हें धैर्य बँधाया। गोमती के तट पर पहुँचकर एक आश्रम में उन्होंने रात व्यतीत की। दूसरे दिन प्रातःकाल वे आगे चले और दोपहर तक गंगा के तट पर जा पहुँचे। गंगा की जलधारा को देखते ही लक्ष्मण के नेत्रों से जलधारा बह चली और वे फूट-फूट कर रोने लगे। सीता ने चिन्तित होकर उनसे रोने का कारण पूछा। लक्ष्मण ने उनके प्रश्न का कोई उत्तर नहीं दिया और रथ से उतर नौका पर सवार हो सीता सहित गंगा के दूसरे तट पर जा पहुँचे।

गंगा के उस तट पर नौका से उतर लक्ष्मण सीता से हाथ जोड़कर बोले, "देवि! आज मुझे बड़े भैया ने वह कार्य सौंपा है जिससे सारे लोक में मेरी भारी निन्दा होगी। मुझे यह बताते हुये भारी पीड़ा हो रही है कि अयोध्या में आपके लंका प्रवास की बात को लेकर भारी अपवाद फैल गया है। इससे अत्यन्त दुःखी होकर महाराज राम ने आपका परित्याग कर दिया है और मुझे आपको यहाँ गंगा तट पर छोड़ जाने का आदेश दिया है। वैसे यह स्थान सर्वथा निरापद

है क्योंकि यहाँ महायशस्वी ब्रह्मर्षि वाल्मीकि जी का आश्रम है। आप यहाँ उपवास परायण आदि करती हुई धार्मिक जीवन व्यतीत करें।"

लक्ष्मण के ये कठोर वचन सुनकर जनकनन्दिनी को ऐसा आघात लगा कि वे मूर्छित होकर पृथ्वी पर गिर पड़ीं। फिर चेतना आने पर बोलीं, "लक्ष्मण! क्या विधाता ने मुझे जीवन पर्यन्त दुःख भोगने के लिये ही उत्पन्न किया है? पहले मुझे राघव से अलग होकर लंका में रहना पड़ा और अब उन्होंने मुझे सदा के लिये त्याग दिया। लक्ष्मण! मेरी समझ में यह नहीं आता कि यदि मुनिजन मुझसे यह पूछेंगे कि तुम्हें श्रीराम ने किस अपराध के कारण त्यागा है तो मैं उन्हें क्या उत्तर दूँगी? मेरी सबसे बड़ी विडम्बना यह है कि मैं गंगाजी में डूब कर अपने प्राण भी विसर्जन नहीं कर सकती, क्योंकि ऐसा करने से मेरे पति का राजवंश नष्ट हो जायेगा। तुम दुःखी क्यों होते हो? तुम तो महाराज की आज्ञा का ही पालन कर रहे हो, जो तुम्हारा कर्तव्य है। जाओ, तुम लौट जाओ और सबसे मेरा सादर प्रणाम कहना।"

सीता से आज्ञा लेकर अत्यन्त दुःखी मन से लक्ष्मण मृतप्राय शरीर को ढोते हुये रथ पर बैठे और बैठते ही मूर्छित हो गये। मूर्छा दूर होने पर वे फिर आँसू बहाने लगे।

उधर सीता विलाप करती हुई चीत्कार करने लगी। दो मुनिकुमारों ने सीता को इस प्रकार विलाप करते देखा तो उन्होंने ब्रह्मर्षि वाल्मीकि के पास जाकर इसका वर्णन किया। यह समाचार सुनकर वाल्मीकि जी सीता जी के पास पहुँचे और बोले, "पतिव्रते! मैंने अपने योगबल से जान लिया है कि तुम राजा दशरथ की पुत्रवधू और मिथिलेश की पुत्री हो। मुझे तुम्हारे परित्याग की बात भी मालूम हो चुकी है। इसलिये तुम मेरे आश्रम में चलकर अन्य तपस्विनी नारियों के साथ निश्चिंत होकर निवास करो। वे तुम्हारी यथोचित देखभाल करेंगी।"

मुनि के वचन सुनकर सीता ने उन्हें श्रद्धापूर्वक प्रणाम किया और महर्षि के आश्रम में आकर रहने लगी।

5

लक्ष्मण की वापसी

रथ में मूर्छा भंग होने पर लक्ष्मण फिर विलाप करने लगे। सुमन्त ने उन्हें धैर्य बँधाते हुये उनसे कहा, "वीरवर! आपको सीता के विषय में संताप नहीं करना चाहिये। यह बात तो दुर्वासा मुनि ने स्वर्गीय राजा दशरथ जी को पहले ही बता दी थी कि श्रीराम सदैव दुःख उठायेंगे। उन्हें प्रियजनों का वियोग उठाना पड़ेगा। मुनि के कथनानुसार दीर्घकाल व्यतीत होने पर वे आपको तथा भरत और शत्रुघ्न को भी त्याग देंगे। यह बात उन्होंने मेरे सामने कही थी, परन्तु स्वर्गीय महाराज ने मुझे आदेश दिया था कि यह बात मैं किसी से न कहूँ। अब उचित अवसर जानकर आपसे कह रहा हूँ। आपसे अनुरोध है कि आप यह बात भरत और शत्रुघ्न के सम्मुख कदापि न कहें।"

सुमन्त की बात सुनकर जब लक्ष्मण ने किसी से न कहने का आश्वासन देकर पूरी बात बताने का आग्रह किया तो सुमन्त ने कहा, "एक समय की बात है, दुर्वासा मुनि महर्षि वसिष्ठ के आश्रम में रहकर चातुर्मास बिता रहे थे। उसी समय महाराज दशरथ वसिष्ठ जी के दर्शनों के लिये पहुँचे। बातों-बातों में महाराज ने दुर्वासा मुनि से पूछा कि भगवन्! मेरा वंश कितने समय तक चलेगा? मेरे सब पुत्रों की आयु कितनी होगी? कृपा करके मेरे वंश की स्थिति मुझे बताइये। इस पर उन्होंने महाराज को कथा सुनाई कि देवासुर संग्राम में पीड़ित हुये दैत्यों ने महर्षि भृगु की पत्नी की शरण ली थी। भृगु की पत्नी द्वारा दैत्यों को शरण दिये जाने पर कुपित होकर भगवान विष्णु ने अपने चक्र से उसका सिर काट डाला।

अपनी पत्नी के मरने पर भृगु ने क्रुद्ध होकर विष्णु को शाप दिया कि आपने मेरी पत्नी की हत्या की है, इसलिये आपको मनुष्य के रूप में पृथ्वी पर जन्म लेना पड़ेगा और वहाँ दीर्घकाल तक पत्नी का वियोग सहना पड़ेगा। शाप की बात बताकर महर्षि दुर्वासा ने रघुवंश के भविष्य सम्बंधी बहुत सी बातें बताईं। उसमें आप लोगों को त्यागने की बात भी बताई गई थी। उन्होंने यह भी कहा था कि रघुनाथजी सीता के दो पुत्रों का अभिषेक अयोध्या के बाहर करेंगे, अयोध्या में नहीं। इसलिये विधाता का विधान जानकर आपको शोक नहीं करना चाहिये।" ये बातें सुनकर लक्ष्मण का संताप कुछ कम हुआ।

केशिनी के तट पर रात्रि बिताकर दूसरे दिन दोपहर को लक्ष्मण अयोध्या पहुँचे। उन्होंने अत्यन्त दुःखी मन से श्रीराम के पास पहुँचकर सीता के परित्याग का सम्पूर्ण वृत्तान्त जा सुनाया। राम ने संयमपूर्वक सारी बातें सुनीं और अपने मन पर नियन्त्रण रखते हुये राजकाज में मन लगाया।

6

राजा नृग की कथा

राजा नृग की कथा

एक दिन लक्ष्मण ने श्रीराम से कहा, "महाराज! आप राजकाज में इतने व्यस्त रहते हैं कि अपने स्वास्थ्य का भी ध्यान नहीं रखते।"

यह सुनकर रामचन्द्रजी बोले, "लक्ष्मण! राजा का कर्तव्य होता है राजकाज में पूर्णतया लीन रहना। तनिक सी असावधानी हो जाने पर उसे राजा नृग की भाँति भयंकर यातना भोगनी पड़ती है।"

लक्ष्मण के जिज्ञासा करने पर उन्होंने राजा नृग की कथा सुनाते हुये कहा, "पहले इस पृथ्वी पर महायशस्वी राजा नृग राज्य करते थे। वे बड़े धर्मात्मा और सत्यवादी थे। एक बार उन्होंने तीर्थराज पुष्कर में जाकर स्वर्ण विभूषित बछड़ों युक्त एक करोड़ गौओं का दान किया। उसी समय उन गौओं के साथ एक दरिद्र ब्राह्मण की गाय बछड़े सहित आकर मिल गई और राजा नृग ने संकल्पपूर्वक उसे किसी ब्राह्मण को दान कर दिया। उधर वह दरिद्र ब्राह्मण वर्षों तक स्थान-स्थान पर अपनी गाय को ढूँढता रहा। अन्त में उसने कनखल में एक ब्राह्मण के यहाँ अपने गाय को पहचान लिया। गाय का नाम 'शवला' था। जब उसने गाय को नाम लेकर पुकारा तो वह गाय उस दरिद्र ब्राह्मण के पीछे हो ली। इस पर दोनों ब्राह्मणों में विवाद हो गया।

एक कहता था, गाय मेरी है और दूसरा कहता कि मुझे यह राजा ने दान में दी है। दोनों झगड़ते हुये राजा नृग के यहाँ पहुँचे। राजकाज में व्यस्त रहने के कारण जब कई दिन तक नृग ने उनसे भेंट नहीं की तो उन्होंने शाप दे दिया कि विवाद का निर्णय कराने की इच्छा से आये प्रार्थियों को तुमने कई दिन तक दर्शन नहीं दिये, इसलिये तुम प्राणियों से छिपकर रहने वाले गिरगिट हो जाओगे और सहस्त्रों वर्ष तक गड्ढे में पड़े रहोगे। भगवान विष्णु जब कृष्ण के रूप में अवतार लेंगे तब वे ही तुम्हारा उद्धार करेंगे। इस प्रकार राजा नृग आज भी अपनी उस भूल का दण्ड भुगत रहे हैं। अतएव जब भी कोई कार्यार्थी द्वार पर आये, उसे सदा मेरे सामने तत्काल उपस्थित किया करो।"

राम का आदेश सुनकर लक्ष्मण बोले, "राघव! ब्राह्मणों का शाप सुनकर राजा नृग ने क्या किया?"

इस प्रश्न के उत्तर में श्रीराम ने बताया, "जब दोनों ब्राह्मण शाप देकर चले गये तो राजा ने अपने मन्त्री को भेजकर उन्हें वापिस बुलाया और उनसे क्षमायाचना की। फिर एक सुन्दर सा गड्ढा बनवाकर और अपने राजकुमार वसु को अपना राज्य सौंपकर उस गड्ढे में निवास करने लगे। ब्राह्मण के शाप का भारी प्रभाव होता है।"

7

च्यवन ऋषि का आगमन

एक दिन जब श्रीराम अपने दरबार में बैठे थे तो यमुना तट निवासी कुछ ऋषि-महर्षि च्यवन ऋषि जी के साथ दरबार में पधारे। कुशल क्षेम के पश्चात् उन्होंने बताया, "महाराज! इस समय हम बड़े दुःखी हैं। लवण नामक एक भयंकर राक्षस ने यमुना तट पर भयंकर उत्पात मचा रखा है। उसके अत्याचारों से त्राण पाने के लिये हम बड़े-बड़े राजाओं के पास गये परन्तु कोई भी हमारी रक्षा न कर सका। आपकी यशोगाथा सुनकर अब हम आपकी शरण आये हैं। हमें आशा है आप निश्चय ही हमारा भय दूर करेंगे।"

ऋषियों के यह वचन सुनकर सत्यप्रतिज्ञ श्री राम बोले, "हे महर्षियों! यह समस्त राज्य और मेरे प्राण भी आपके लिये ही हैं। मैं आपको वचन देता हूँ कि मैं उस दुष्ट के वध का उपाय शीघ्र ही करूँगा। आप मुझे उसके विषय में विस्तार से बतायें।"

च्यवन ऋषि बोले, "हे राजन्! सतयुग में लीला नामक दैत्य का पुत्र मधु बड़ा शक्तिशाली और बुद्धिमान राक्षस था। उसने भगवान शंकर की तपस्या करके उनसे अपने तथा अपने वंश के लिये एक ऐसा शूल प्राप्त किये था जो शत्रु का विनाश करके वापस उसके पास आ जाता था। उन्होंने यह भी वर दिया कि जिसके हाथ में जब तक यह शूल रहेगा, तब तक वह अवध्य रहेगा। उसी मधु का पुत्र लवण है जो अत्यन्त दुष्टात्मा है और उस शूल के बल पर निरन्तर हमें कष्ट देता है। वह प्रायः किसी न किसी ऋषि, मुनि, तपस्वी को अपने आहार बनाता है। वन के प्राणियों, मनुष्यादि किसी को भी वह नहीं छोड़ता।"

यह सुनकर राम ने सब भाइयों को बुलाकर पूछा, "इस राक्षस को मारने का भार कौन अपने ऊपर लेना चाहता है?"

यह सुनकर शत्रुघ्न बोले, "प्रभो! लक्ष्मण ने आपके साथ रहते हुये बहुत से राक्षसों का संहार किया है। भैया भरत ने भी आपकी अनुपस्थिति में नन्दीग्राम में रहते हुये अनेक दैत्यों को मौत के घाट उतारा है। इसलिये लवणासुर के वध का कार्य मुझे सौंपने की कृपा करें।"

श्री राम बोले, "ठीक है, तुम ही लवणासुर का संहार करो और उसे मारके मधुपुर में अपना राज्य स्थापित करो। मैं तुम्हें वहाँ का राजसिंहासन सौंपता हूँ।"

फिर उन्होंने शत्रुघ्न को एक अद्भुत अमोघ बाण देकर कहा, "इस अद्भुत बाण से ही मधु और कैटभ नामक राक्षसों का विष्णु ने वध किया था। इससे लवणासुर अवश्य मारा जायेगा। एक बात का ध्यान रखना कि वह अपने शूल को महल के अन्दर एक प्रकोष्ठ में रखकर नित्य उसका पूजन करता है। जब वह तुम्हें अपने महल के बाहर दिखाई दे तभी तुम उसे युद्ध के लिये ललकारना। अभिमान के कारण वह तुमसे युद्ध करने लगेगा और शूल के लिये महल के अन्दर जाना भूल जायेगा। इस प्रकार वह रणभूमि में तुम्हारे हाथ से मारा जायेगा।"

बड़े भाई की आज्ञा पाकर शत्रुघ्न ने विशाल सेना लेकर श्रीराम द्वारा दिय गये निर्देशों के अनुसार लवणासुर को मारने की योजना बराई। उन्होंने सेना को ऋषियों के साथ आगे भेज दिया। एक माह पश्चात् उन्होंने अपनी माताओं, गुरुओं और भाइयों की परिक्रमा एवं प्रणाम कर अकेले ही प्रस्थान किया।

8

पूर्व राजाओं के यज्ञ-स्थल एवं लवकुश का जन्म

पूर्व राजाओं के यज्ञ-स्थल एवं लवकुश का जन्म

अयोध्या से प्रस्थान करने के तीसरे दिन शत्रुघ्न ने महर्षि वाल्मीकि के आश्रम में विश्राम किया। रात्रि में उन्होंने मुनि से पूछा, "हे महर्षि! आपके आश्रम के निकट पूर्व में यह किसका यज्ञ-स्थल दिखाई पड़ रहा है?"

महर्षि बोले, हे सौमित्र! यह यज्ञ-स्थल तुम्हारे कुल के महान राजाओं ने बनवाया था। मैं उनके विषय में बताता हूँ। तुम्हारे कुल में सौदास नाम बड़े धार्मिक राजा हुए हैं। एक दिन आखेट करते हुये उन्होंने वन में दो भयंकर दुर्धर्ष राक्षसों को देखा। राजा ने बाण चलाकर उनमें से एक को मार गिराया। यह देखकर दूसरा राक्षस यह कहता हुआ अदृश्य हो गया कि हे पापी! तूने मेरे इस मित्र को निरपराध मारा है, अतः मैं इसका प्रतिशोध अवश्य लूँगा।

कुछ समय पश्चात् सौदास ने अपने पुत्र वीर्यसह को राज्य देकर और वसिष्ठ जी को पुरोहित बनाकर इस स्थान पर अश्वमेघ यज्ञ किया। उस समय वही राक्षस अपने प्रतिशोध लेने के लिये वहाँ आया और वसिष्ठ जी का रूप बनाकर राजा से बोले कि आज मुझे माँसयुक्त भोजन कराओ, इसमें सोच-विचार की आवश्यकता नहीं है।

राजा ने अपने रसोइये को ऐसा ही आदेश दिया। इस आदेश को सुनकर वह आश्चर्य में पड़ गया। तभी वह राक्षस रसोइये के वेश में वहाँ उपस्थित हुआ और भोजन में मनुष्य का माँस मिलाकर राजा को दिया। राजा ने अपनी पत्नी सहित वह भोजन वसिष्ठ जी को परोसा। जब वसिष्ठ जी को ज्ञात हुआ कि भोजन में मनुष्य का माँस है तो उन्होंने क्रोधित होकर राजा को शाप दिया कि राजन्! जैसा भोजन तूने मुझे प्रस्तुत किया है, वैसा ही भोजन तुझे प्राप्त होगा। तब तो राजा वीर्यसह ने भी क्रोधित हो हाथ में जल लेकर वसिष्ठ जी को शाप देना चाहा।

परन्तु रानी के समझाने पर वह जल अपने पैरों पर डाल दिया। इससे उनके दोनों पैर काले हो गये। तभी से उनका नाम कल्माषपाद पड़ गया। तत्पश्चात् राजा और रानी ने

महर्षि वसिष्ठ के पैर पकड़ कर क्षमा माँगी और पूरा वृतान्त उन्हें कह सुनाया। तब वसिष्ठ जी ने कहा कि राजन्! बारह वर्ष पश्चात् आप इस शाप से मुक्त हो जाओगे और तुम्हें इसका स्मरण भी नहीं रहेगा। हे शत्रुघ्न! इस प्रकार राजा कल्माषपाद उस शाप को भोगकर पुनः राज्य प्राप्त कर धैर्यपूर्वक प्रजा का पालन करने लगे। उन्हीं राजा सौदास और राजा कल्माषपाद का यह सुन्दर यज्ञ-स्थल है।"

यह कथा सुनकर शत्रुघ्न अपनी पर्णशाला में विश्राम करने चले गये।

जिस दिन शत्रुघ्न वाल्मीकि के आश्रम में पहुँचे उसी रात को सीताजी ने एक साथ दो पुत्रों को जन्म दिया। तपस्विनी बालाओं से उनके जन्म का समाचार सुनकर महर्षि ने एक कुशाओं का मुट्ठा और उनके लव लेकर मन्त्रोच्चार द्वारा उनकी भावी बाधाओं से रक्षा करने की व्यवस्था की। फिर एक का कुश और दूसरे का लव से मार्जन कराया। इस प्रकार बड़े बालक का नाम कुश और दूसरे का लव रखा गया। शत्रुघ्न को भी यह समाचार पाकर अत्यन्त प्रसन्नता हुई।

अगले दिन प्रातःकाल सब कृत्यों से निवृत हो शत्रुघ्न मधुपुरी की ओर चल दिये। मार्ग में सात रात्रियाँ व्यतीत कर वे महर्षि च्यवन के आश्रम में पहुँचे।

९

लवणासुर वध

अगले दिन प्रातःकाल होने पर जब लवणासुर अपने पुर से बाहर निकला, तब ही शत्रुघ्न हाथ में धनुष बाण ले मधुपुरी को घेर कर खड़े हो गये। दोपहर होने पर वह क्रूर राक्षस हजारों मरे हुये जीवों को लेकर वहाँ आया तो शत्रुघ्न ने उसे द्वन्द्व युद्ध के लिये ललकारा। अभिमानी लवण तत्काल उनसे युद्ध करने के लिये तैयार हो गया और बोला, "तेरे भाई ने रावण को मारा था जो मेरी मौसी शूर्पणखा का भाई था। आज मैं उसका बदला तुझसे लूँगा। तुझे पता नहीं, अब तक मैं बड़े-बड़े शूरवीरों को धराशायी कर चुका हूँ तेरी भला क्या गिनती है?"

यह सुनकर शत्रुघ्न बोले, "नराधम! जब तूने उन वीरों को धराशायी किया होगा तब शत्रुघ्न का जन्म नहीं हुआ था। आज मैं तुझे अपने तीक्ष्ण बाणों से सीधा यमलोक का रास्ता दिखाउँगा।"

यह सुनते ही लवण ने क्रोध कर एक वृक्ष उखाड़ कर शत्रुघ्न को मारा, परन्तु उन्होंने मार्ग में ही उसके सैकड़ों टुकड़े कर दिये। फिर उन्होंने उस पर बाणों की झड़ी लगा दी, किन्तु लवण इस आक्रमण से तनिक भी विचलित नहीं हुआ। उल्टे उसने शीघ्रता से एक भारी वृक्ष उखाड़कर उनके सिर पर मारा जिससे उन्हें क्षणिक मूर्छा आ गई। मूर्छित शत्रुघ्न को मरा हुआ समझ वह अपना आहार जुटाने और सैनिकों को खाने लग गया। अपना शूल लेने नहीं गया।

मूर्छा भंग होते ही शत्रुघ्न ने रघुनाथजी द्वारा दिया हुआ अमोघ बाण लेकर उसके वक्षस्थल पर छोड़ दिया वह बाण लवण का हृदय चीरता हुआ रसातल में घुस गया और फिर शत्रुघ्न के पास लौट आया। उधर लवणासुर ने भयंकर चीत्कार करके अपने प्राण त्याग दिये। शत्रुघ्न ने उस नगर को फिर से बसाकर उसका नाम मधुपुरी रखा। थोड़े ही दिनों में नगर सब प्रकार से सुख सम्पन्न हो गया। इस नगर को नवीन रूप पाने में बारह वर्ष लग गये। फिर एक सप्ताह के लिये शत्रुघ्न अयोध्या चले गये

10

ब्राह्मण बालक की मृत्यु

एक दिन श्रीराम अपने दरबार में बैठे थे तभी एक बूढ़ा ब्राह्मण अपने मरे हुये पुत्र का शव लेकर राजद्वार पर आया और 'हा पुत्र!' 'हा पुत्र!' कहकर विलाप करते हुये कहने लगा, "मैंने पूर्वजन्म में कौन से पाप किये थे जिससे मुझे अपनी आँखों से अपने इकलौते पुत्र की मृत्यु देखनी पड़ी। केवल तेरह वर्ष दस महीने और बीस दिन की आयु में ही तू मुझे छोड़कर सिधार गया। मैंने इस जन्म में कोई पाप या मिथ्या-भाषण भी नहीं किया। फिर तेरी अकाल मृत्यु क्यों हुई? इस राज्य में ऐसी दुर्घटना पहले कभी नहीं हुई। निःसन्देह यह श्रीराम के ही किसी दुष्कर्म का फल है। उनके राज्य में ऐसी दुर्घटना घटी है। यदि श्रीराम ने तुझे जीवित नहीं किया तो हम स्त्री-पुरुष यहीं राजद्वार पर भूखे-प्यासे रहकर अपने प्राण त्याग देंगे। श्रीराम! फिर तुम इस ब्रह्महत्या का पाप लेकर सुखी रहना। राजा के दोष से जब प्रजा का विधिवत पालन नहीं होता तभी प्रजा को ऐसी विपत्तियों का सामना करना पड़ता है। इससे स्पष्ट है कि राजा से ही कहीं कोई अपराध हुआ है।"

इस प्रकार की बातें करता हुआ वह विलाप करने लगा।

जब श्रीरामचन्द्रजी इस विषय पर मनन कर रहे थे तभी वसिष्ठजी आठ ऋषि-मुनियों के साथ दरबार में पधारे। उनमें नारद जी भी थे। श्री राम ने जब यह समस्या उनके सम्मुख रखी तो नारद जी बोले, "राजन्! जिस कारण से इस बालक की अकाल मृत्यु हुई वह मैं आपको बताता हूँ। सतयुग में केवल ब्राह्मण ही तपस्या किया करते थे। फिर त्रेता के आरम्भ में क्षत्रियों को भी तपस्या का अधिकार मिल गया। अन्य वर्णों का तपस्या में रत होना अधर्म है। हे राजन्! निश्चय ही आपके राज्य में कोई शूद्र वर्ण का मनुष्य तपस्या कर रहा है, उसी से इस बालक की मृत्यु हुई है। इसलिये आप खोज कराइये कि आपके राज्य में कोई व्यक्ति कर्तव्यों की सीमा का उल्लंघन तो नहीं कर रहा। इस बीच ब्राह्मण के इस बालक को सुरक्षित रखने की व्यवस्था कराइये।"

नारदजी की बात सुनकर उन्होंने ऐसा ही किया। एक ओर सेवकों को इस बात का पता लगाने के लिये भेजा कि कोई अवांछित व्यक्ति ऐसा कार्य तो नहीं कर रहा जो उसे नहीं

करना चाहिये। दूसरी ओर विप्र पुत्र के शरीर की सुरक्षा का प्रबन्ध कराया। वे स्वयं भी पुष्पक विमान में बैठकर ऐसे व्यक्ति की खोज में निकल पड़े। पुष्पक उन्हें दक्षिण दिशा में स्थित शैवाल पर्वत पर बने एक सरोवर पर ले गया जहाँ एक तपस्वी नीचे की ओर मुख करके उल्टा लटका हुआ भयंकर तपस्या कर रहा था। उसकी यह विकट तपस्या देख कर उन्होंने पूछा, "हे तपस्वी! तुम कौन हो? किस वर्ण के हो और यह भयंकर तपस्या क्यों कर रहे हो?"

यह सुनकर वह तपस्वी बोले, "महात्मन्! मैं शूद्र योनि से उत्पन्न हूँ और सशरीर स्वर्ग जाने के लिये यह उग्र तपस्या कर रहा हूँ। मेरा नाम शम्बूक है।"

शम्बूक की बात सुकर रामचन्द्र ने म्यान से तलवार निकालकर उसका सिर काट डाला। जब इन्द्र आदि देवताओं ने वहाँ आकर उनकी प्रशंसा की तो श्रीराम बोले, "यदि आप मेरे कार्य को उचित समझते हैं तो उस ब्राह्मण के मृतक पुत्र को जीवित कर दीजिये।"

राम के अनुरोध को स्वीकार कर इन्द्र ने विप्र पुत्र को तत्काल जीवित कर दिया।

11

राजा श्वेत की कथा

इन्द्र से वर प्राप्त करके रघुनन्दन राम महर्षि अगस्त्य के आश्रम में पहुँचे। वे शम्बूक वध की कथा सुनकर बहुत प्रसन्न हुये और उन्होंने विश्वकर्मा द्वारा दिया हुआ एक दिव्य आभूषण श्रीराम को अर्पित किया। वह आभूषण सूर्य के समान दीप्तिमान, दिव्य, विचित्र तथा अद्भुत था। उसे देखकर श्री राम ने महर्षि अगस्त्य से पूछा, "मुनिवर! विश्वकर्मा का यह अद्भुत आभूषण आपके पास कहाँ से आया? जब यह आभूषण इतना विचित्र है तो इसकी कथा भी विचित्र ही होगी। यह जानने का मेरे मन में कौतूहल हो रहा है।"

श्रीराम की जिज्ञासा और कौतूहल को शान्त करने के लिये महर्षि ने कहा, "प्राचीन काल में एक बहुत विस्तृत वन था जो चारों ओर सौ योजन तक फैला हुआ था, परन्तु उस वन में कोई प्राणी-पशु-पक्षी तक भी नहीं रहता था। उसमें एक मनोहर सरोवर भी था। उस स्थान को पूर्णतया एकान्त पाकर मैं वहाँ तपस्या करने के लिये चला गया था। सरोवर के चारों ओर चक्कर लगाने पर मुझे एक पुराना विचित्र आश्रम दिखाई दिया। उसमें एक भी तपस्वी नहीं था। मैंने रात्रि वहीं विश्राम किया। जब मैं प्रातःकाल स्नानादि के लिये सरोवर की ओर जाने लगा तो मुझे सरोवर के तट पर हृष्ट-पुष्ट निर्मल शव दिखाई दिया। मैं आश्चर्य से वहा बैठकर उस शव के विषय में विचार करने लगा।

थोड़ी देर पश्चात् वहाँ एक दिव्य विमान उतरा जिस पर एक सुन्दर देवता विराजमान था। उसके चारों ओर सुन्दर वस्त्राभूषणों से अलंकृत अनेक अप्सराएँ बैठी थीं। उनमें से कुछ उन पर चँवर डुला रही थीं। फिर वह देवता सहसा विमान से उतरकर उस शव के पास आया और उसने मेरे देखते ही देखते उस शव को खाकर फिर सरोवर में जाकर हाथ-मुँह धोने लगा। जब वह पुनः विमान पर चढ़ने लगा तो मैंने उसे रोककर पूछा कि हे तेजस्वी पुरुष! कहाँ आपका यह देवोमय सौम्य रूप और कहाँ यह घृणित आहार? मैं इसका रहस्य जानना चाहता हूँ। मेरे विचार से आपको यह घृणित कार्य नहीं करना चाहिये था।

"मेरी बात सुकर वह दिव्य पुरुष बोला कि मेरे महायशस्वी पिता विदर्भ देश के पराक्रमी राजा थे। उनका नाम सुदेव था। उनकी दो पत्नियाँ थीं जिनसे दो पुत्र उत्पन्न हुये। एक का

नाम था श्वेत और दूसरे का सुरथ। मैं श्वेत हूँ। पिता की मृत्यु के बाद मैं राजा बना और धर्मानुकूल राज्य करने लगा। एक दिन मुझे अपनी मृत्यु की तिथि का पता चल गया और मैं सुरथ को राज्य देकर इसी वन में तपस्या करने के लिये चला आया।

दीर्घकाल तक तपस्या करके मैं ब्रह्मलोक को प्राप्त हुआ, परन्तु अपनी भूख-प्यास पर विजय प्राप्त न कर सका। जब मैंने ब्रह्माजी से कहा तो वे बोले कि तुम मृत्युलोक में जाकर अपने ही शरीर का नित्य भोजन किया करो। यही तुम्हारा उपचार है क्योंकि तुमने किसी को कभी कोई दान नहीं दिया, केवल अपने ही शरीर का पोषण किया है। ब्रह्मलोक भी तुम्हें तुम्हारी तपस्या के कारण ही प्राप्त हुआ है। जब कभी महर्षि अगस्त्यत उस वन में पधारेंगे तभी तुम्हें भूख-प्यास से छुटकारा मिल जायेगा। अब आप मुझे मिल गये हैं, अतएव आप मेरा उद्धार करें और मेरा उद्धार करने के प्रतिदान स्वरूप यह दिव्य आभूषण ग्रहण करें। यह आभूषण दिव्य वस्त्र, स्वर्ण, धन आदि देने वाला है। इसके साथ मैं अपनी सम्पूर्ण कामनाएँ आपको समर्पित कर रहा हूँ। मेरे आभूषण लेते ही राजर्षि श्वेत पूर्णतः तृप्त होकर स्वर्ग को प्राप्त हुये और वह शव भी लुप्त हो गया।"

12

राजा दण्ड की कथा

महर्षि अगस्त्य से श्वेत की कथा सुनकर श्रीरामचन्द्र ने पूछा, "मुनिराज! कृपया यह और बताइये कि जिस भयंकर वन में विदर्भराज श्वेत तपस्या करते थे, वह वन पशु-पक्षियों से रहित क्यों हो गया था?"

रघुनाथ जी की जिज्ञासा सुनकर महर्षि अगस्त्य ने बताया, "सतयुग की बात है, जब इस पृथ्वी पर मनु के पुत्र इक्ष्वाकु राज्य करते थे। राजा इक्ष्वाकु के सौ पुत्र उत्पन्न हुये। उन पुत्रों में सबसे छोटा मूर्ख और उद्दण्ड था। इक्ष्वाकु समझ गये कि इस मंदबुद्धि पर कभी न कभी दण्डपात अवश्य होगा। इसलिये वे उसे दण्ड के नाम से पुकारने लगे। जब वह बड़ा हुआ तो पिता ने उसे विन्ध्य और शैवल पर्वत के बीच का राज्य दे दिया। दण्ड ने उस स्थान का नाम मधुमन्त रखा और शुक्राचार्य को अपना पुरोहित बनाया।

"एक दिन राजा दण्ड भ्रमण करता हुआ शुक्राचार्य के आश्रम की ओर जा निकला। वहाँ उसने शुक्राचार्य की अत्यन्त लावण्यमयी कन्या अरजा को देखा। वह कामपीड़ित होकर उसके साथ बलात्कार करने लगा। जब शुक्राचार्य ने अरजा की दुर्दशा देखी तो उन्होंने शाप दिया कि दण्ड सात दिन के अन्दर अपने पुत्र, सेना आदि सहित नष्ट हो जाय। इन्द्र ऐसी भयंकर धूल की वर्षा करेंगे जिससे उसका सम्पूर्ण राज्य ही नहीं, पशु-पक्षी तक नष्ट हो जायेंगे। फिर अपनी कन्या से उन्होंने कहा कि तू इसी आश्रम में इस सरोवर के निकट रहकर ईश्वर की आराधना और अपने पाप का प्रायश्चित कर। जो जीव इस अवधि में तेरे पास रहेंगे वे धूल की वर्षा से नष्ट नहीं होंगे। शुक्राचार्य के शाप के कारण दण्ड, उसका राज्य और पशु-पक्षी आदि सब नष्ट हो गये। तभी से यह भूभाग दण्डकारण्य कहलाता है।"

यह वृत्तान्त सुनकर श्रीराम विश्राम करने चले गये। दूसरे दिन प्रातःकाल वे वहाँ से विदा हो गये।

13

वृत्रासुर की कथा

एक दिन श्रीरामचन्द्रजी ने भरत और लक्ष्मण को अपने पास बुलाकर कहा, "हे भाइयों! मेरी इच्छा राजसूय यज्ञ करने की है क्योंकि वह राजधर्म की चरमसीमा है। इस यज्ञ से समस्त पाप नष्ट हो जाते हैं तथा अक्षय और अविनाशी फल की प्राप्ति होती है। अतः तुम दोनों विचारकर कहो कि इस लोक और परलोक के कल्याण के लिये क्या यह यज्ञ उत्तम रहेगा?"

बड़े भाई के ये वचन सुनकर धर्मात्मा भरत बोले, "महाराज! इस पृथ्वी पर सर्वोत्तम धर्म, यश और स्वयं यह पृथ्वी आप ही में प्रतिष्ठित है। आप ही इस सम्पूर्ण पृथ्वी और इस पर रहने वाले समस्त राजा भी आपको पितृतुल्य मानते हैं। अतः आप ऐसा यज्ञ किस प्रकार कर सकते हैं जिससे इस पृथ्वी के सब राजवंशों और वीरों का हमारे द्वारा संहार होने की आशंका हो?"

भरत के युक्तियुक्त वचन सुनकर श्रीराम बहुत प्रसन्न हुये और बोले, "भरत! तुम्हारा सत्यपरामर्श धर्मसंगत और पृथ्वी की रक्षा करने वाला है। तुम्हारा यह उत्तम कथन स्वीकार कर मैं राजसूय यज्ञ करने की इच्छा त्याग देता हूँ।"

तत्पश्चात लक्ष्मण बोले, "हे रघुनन्दन! सब पापों को नष्ट करने वाला तो अश्वमेघ यज्ञ भी है। यदि आप यज्ञ करना ही चाहते हैं तो इस यज्ञ को कीजिये। महात्मा इन्द्र के विषय में यह प्राचीन वृत्तान्त सुनने में आता है कि जब इन्द्र को ब्रह्महत्या लगी थी, तब वे अश्वमेघ यज्ञ करके ही पवित्र हुये थे।"

श्री राम द्वारा पूरी कथा पूछने पर लक्ष्मण बोले, "प्राचीनकाल में वृत्रासुर नामक असुर पृथ्वी पर पूर्ण धार्मिक निष्ठा से राज्य करता था। एक बार वह अपने ज्येष्ठ पुत्र मधुरेश्वर को राज्य भार सौंपकर कठोर तपस्या करने वन में चला गया। उसकी तपस्या से इन्द्र का भी आसन हिल गया। वह भगवान विष्णु के पास जाकर बोले कि प्रभो! तपस्या के बल से वृत्रासुर ने इतनी अधिक शक्ति संचित कर ली है कि मैं अब उस पर शासन नहीं कर सकता। यदि उसने तपस्या के फलस्वरूप कुछ शक्ति और बढ़ा ली तो हम सब देवताओं को सदा उसके आधीन रहना पड़ेगा। इसलिये प्रभो! आप कृपा करके सम्पूर्ण लोकों को उसके आधिपत्य से

बचाइये। किसी भी प्रकार उसका वध कीजिये।

"देवराज इन्द्र की यह प्रार्थना सुनकर भगवान विष्णु बोले कि यह तो तुम जानते हो देवराज! मझे वृत्रासुर से स्नेह है। इसलिये मैं उसका वध नहीं कर सकता परन्तु तुम्हारी प्रार्थना भी मैं अस्वीकार नहीं कर सकता। इसलिये मैं अपने तेज को तीन भागों में इस प्रकार विभाजित कर दूँगा जिससे तुम स्वयं वृत्रासुर का वध कर सको। मेरे तेज का एक भाग तुम्हारे अन्दर प्रवेश करेगा, दूसरा तुम्हारे वज्र में और तीसरा पृथ्वी में ताकि वह वृत्रासुर के धराशायी होने पर उसका भार सहन कर सके। भगवान से यह वरदान पाकर इन्द्र देवताओं सहित उस वन में गये जहाँ वृत्र तपस्या कर रहा था। अवसर पाकर इन्द्र ने अपने शक्तिशाली वज्र वृत्रासुर के मस्तक पर दे मारा। इससे वृत्र का सिर कटकर अलग जा पड़ा। सिर कटते ही इन्द्र सोचने लगे, मैंने एक निरपराध व्यक्ति की हत्या करके भारी पाप किया है।

यह सोचकर वे किसी अन्धकारमय स्थान में जाकर प्रायश्चित करने लगे। इन्द्र के लोप हो जाने पर देवताओं ने विष्णु भगवान से प्रार्थना की कि हे दीनबन्धु! वृत्रासुर मारा तो आपके तेज से गया है, परन्तु ब्रह्महत्या का पाप इन्द्र को भुगतना पड़ रहा है। इसलिये आप उनके उद्धार का कोई उपाय बताइये। यह सुनकर विष्णु बोले कि यदि इन्द्र अश्वमेघ यज्ञ करके मुझ यज्ञपुरुष की आराधना करेंगे तो वे निष्पाप होकर देवेन्द्र पद को प्राप्त कर लेंगे। इन्द्र ने ऐसा ही किया और अश्वमेघ यज्ञ के प्रताप से उन्होंने ब्रह्महत्या से मुक्ति प्राप्त की।"

14

लव-कुश द्वारा रामायण गान

जब लव-कुश अपने रामायण गान से पुरवासियों एवं आगन्तुकों का मन मोहने लगे तब एक दिन श्रीराम ने उन दोनों बालकों को अपनी राजसभा में बुलाया। उस समय राजसभा में श्रेष्ठ नैयायिक, दर्शन एवं कल्पसूत्र के विद्वान, संगीत तथा छन्द कला मर्मज्ञ, विभिन्न शास्त्रों के ज्ञाता, ब्रह्मवेत्ता आदि मनीषि विद्यमान थे। लव-कुश को देखकर सबको ऐसा प्रतीत होता था मानो दोनों श्रीराम के ही प्रतिरूप हैं। यदि इनके सिर पर जटाजूट और शरीर पर वल्कल न होते तो इनमें और श्रीराम में कोई अन्तर दिखाई न देता। दोनों भाइयों ने अपराह्न तक प्रारम्भिक बीस सर्गों का गान किया और उस दिन का कार्यक्रम समाप्त किया।

पाठ समाप्त होने पर श्रीराम ने भरत को आदेश दिया कि दोनों भाइयों को अट्ठारह हजार स्वर्ण मुद्राएँ दी जायें, किन्तु लव-कुश ने उसे लेने से इन्कार कर दिया और कहा कि हम वनवासी हैं, हमें धन की क्या आवश्यकता है? इससे श्रीराम सहित सब श्रोताओं को भारी आश्चर्य हुआ। उन्होंने पूछा, "यह काव्य किसने लिखा है और इसमें कितने श्लोक हैं?"

यह सुनकर उन मुनिकुमारों ने बताया, "महर्षि वाल्मीकि ने इस महाकाव्य की रचना की है। इसमें चौबीस हजार श्लोक और एक सौ उपाख्यान हैं। इसमें कुल पाँच सर्ग और छः काण्ड हैं। इसके अतिरिक्त उत्तरकाण्ड इसका सातवाँ काण्ड है। आपका चरित्र ही इस महाकाव्य का विषय है।"

यह सुनकर रघुनाथ जी ने यज्ञ समाप्त होने के पश्चात् सम्पूर्ण महाकाव्य सुनने की इच्छा प्रकट की। इस काव्य-कथा को सुनकर उन्हें पता चला कि कुश और लव सीता के ही सुपुत्र हैं।

15

भरत व लक्ष्मण के पुत्रों के लिये राज्य व्यवस्था

यज्ञ की समाप्ति पर सुग्रीव, विभीषण आदि सहित राजाओं तथा ऋषि-मुनियों एवं निमन्त्रित जनों को अयोध्यापति राम ने सब प्रकार से सन्तुष्ट कर विदा किया। इसके पश्चात् उन्होंने राजकाज में मन लगाया। प्रजा का पालन करते हुये उन्होंने असंख्य यज्ञ एवं धार्मिक अनुष्ठान किये। उनके राज्य की महिमा दूर-दूर तक फैल रही थी। प्रजा सब प्रकार से सुखी और सम्पन्न थी पुत्रों एवं पौत्रों की समृद्धि एवं श्रद्धा से घिरी हुई माता कौसल्या ने इस संसार का त्याग किया। उनकी मृत्यु के पश्चात् कैकेयी, सुमित्रा भी परलोकगामिनी हो गईं।

भरत के पुत्र तक्ष और पुष्कल जब बड़े हुये तो कैकेयनरेश तथा भरत के मामा युधाजित ने श्रीराम के पास सन्देश भेजा कि सिन्धु नदी के दोनों तटों पर गन्धर्व देश बसा हुआ है। उस प्रदेश में गन्धर्वराज शैलूष अपने तीन करोड़ महापराक्रमी गन्धर्वों के साथ राज्य करते हैं। यदि आप उस प्रदेश को जीत कर सिन्धु देश के दोनों ओर के प्रान्तों को तक्ष और पुष्कल को सौंप दें तो अति उत्तम हो। कैकेय नरेश की आज्ञा को शिरोधार्य कर श्रीराम ने भरत को गन्धर्व देश पर आक्रमण का आदेश दिया। कैकेय नरेश युधाजित भी अपनी सेना लेकर भरत के साथ आ मिले।

दोनों सेनाओं ने मिलकर गन्धर्वों की राजधानी पर धावा बोल दिया। दोनों ओर की सेनाएँ भयंकर गर्जन-तर्जन करती हुई परस्पर युद्ध करने लगी। देखते-देखते समर भूमि में रक्त की नदियाँ बह गईं। सैनिकों के रुण्ड-मुण्ड उस शोणित-सरिता में जल-जन्तुओं की भाँति बहते दिखाई देने लगे। सात दिन तक यह भयानक युद्ध चलता रहा। अन्तिम दिन वीर भरत ने संवर्त नामक अस्त्र का प्रयोग करके गन्धर्व सेना का सर्वनाश कर दिया। इस प्रकार गन्धर्वों को परास्त कर भरत ने दो सुन्दर नगरों की स्थापना की। एक का नाम तक्षशिला रखा और तक्ष को वहाँ का राजा बनाया। दूसरे का नाम पुष्कलावत रखकर उस पुष्कल को सौंप दिया। नये अधिपतियों के शासन में दोनों नगरों ने अभूतपूर्व उन्नति की। पाँच वर्ष

पश्चात् भरत अयोध्या लौट आये।

इसके पश्चात् श्रीरामचन्द्र ने भरत के परामर्श से लक्ष्मण के पुत्र अंगद के लिये कारूमथ में और चन्द्रकान्त के लिये चन्द्रकान्त नगर का निर्माण किया और उन्हें वहाँ का राजा बनाया। राजाकाज की समुचित व्यवस्था करने के लिये उन्होंने अंगद के साथ लक्ष्मण को और चन्द्रकान्त के साथ भरत को भेजा जो एक वर्ष तक वहाँ का समुचित प्रबन्ध करके अयोध्या लौट आये।

16

लक्ष्मण का परित्याग

जब इस प्रकार राज्य करते हुये श्रीरघुनाथजी को बहुत वर्ष व्यतीत हो गये तब एक दिन काल तपस्वी के वेश में राजद्वार पर आया। उसने सन्देश भिजवाया कि मैं महर्षि अतिबल का दूत हूँ और अत्यन्त आवश्यक कार्य से श्री रामचन्द्र जी से मिलना चाहता हूँ। सन्देश पाकर राजचन्द्रजी ने उसे तत्काल बुला भेजा। काल के उपस्थित होने पर श्रीराम ने उन्हें सत्कारपूर्वक यथोचित आसन दिया और महर्षि अतिबल का सन्देश सनाने का आग्रह किया। यह सुनकर मुनिवेषधारी काल ने कहा, "यह बात अत्यन्त गोपनीय है। यहाँ हम दोनों के अतिरिक्त कोई तीसरा व्यक्ति नहीं रहना चाहिये। मैं आपको इसी शर्त पर उनका सन्देश दे सकता हूँ कि यदि बातचीत के समय कोई व्यक्ति आ जाये तो आप उसका वध कर देंगे।"

श्रीराम ने काल की बात मानकर लक्ष्मण से कहा, "तुम इस समय द्वारपाल को विदा कर दो और स्वयं इयौढ़ी पर जाकर खड़े हो जाओ। ध्यान रहे, इन मुनि के जाने तक कोई यहाँ आने न पाये। जो भी आयेगा, मेरे द्वारा मारा जायेगा।"

जब लक्ष्मण वहाँ से चले गये तो उन्होंने काल से महर्षि का सन्देश सुनाने के लिये कहा। उनकी बात सुनकर काल बोला, "मैं आपकी माया द्वारा उत्पन्न आपका पुत्र काल हूँ। ब्रह्मा जी ने कहलाया है कि आपने लोकों की रक्षा करने के लिये जो प्रतिज्ञा की थी वह पूरी हो गई। अब आपके स्वर्ग लौटने का समय हो गया है। वैसे आप अब भी यहाँ रहना चाहें तो आपकी इच्छा है।"

यह सुनकर श्रीराम ने कहा, "जब मेरा कार्य पूरा हो गया तो फिर मैं यहाँ रहकर क्या करूँगा? मैं शीघ्र ही अपने लोक को लौटूँगा।"

जब काल रामचन्द्र जी से इस प्रकार वार्तालाप कर रहा था, उसी समय राजप्रासाद के द्वार पर महर्षि दुर्वासा रामचन्द्र से मिलने आये। वे लक्ष्मण से बोले, "मुझे तत्काल राघव से मिलना है। विलम्ब होने से मेरा काम बिगड़ जायेगा। इसलिये तुम उन्हें तत्काल मेरे आगमन की सूचना दो।"

लक्ष्मण बोले, "वे इस समय अत्यन्त व्यस्त हैं। आप मुझे आज्ञा दीजिये, जो भी कार्य हो मैं पूरा करूँगा। यदि उन्हीं से मिलना हो तो आपको दो घड़ी प्रतीक्षा करनी होगी।"

यह सुनते ही मुनि दुर्वासा का मुख क्रोध से तमतमा आया और बोले, "तुम अभी जाकर राघव को मेरे आगमन की सूचना दो। यदि तुम विलम्ब करोगे तो मैं शाप देकर समस्त रघुकुल और अयोध्या को अभी इसी क्षण भस्म कर दूँगा।"

ऋषि के क्रोधयुक्त वचन सुनकर लक्ष्मण सोचने लगे, चाहे मेरी मृत्यु हो जाये, रघुकुल का विनाश नहीं होना चाहिये। यह सोचकर उन्होंने रघुनाथजी के पास जाकर दुर्वासा के आगमन का समाचार जा सुनाया। रामचन्द्र जी काल को विदा कर महर्षि दुर्वासा के पास पहुँचे। उन्हें देखकर दुर्वासा ऋषि ने कहा, "रघुनन्दन! मैंने दीर्घकाल तक उपवास करके आज इसी क्षण अपना व्रत खोलने का निश्चय किया है। इसलिये तुम्हारे यहाँ जो भी भोजन तैयार हो तत्काल मँगाओ और श्रद्धापूर्वक मुझे खिलाओ।"

रामचन्द्र जी ने उन्हें सब प्रकार से सन्तुष्ट कर विदा किया। फिर वे काल कि दिये गये वचन को स्मरण कर भावी भ्रातृ वियोग की आशंका से अत्यन्त दुःखी हुये।

अग्रज को दुःखी देख लक्ष्मण बोले, "प्रभु! यह तो काल की गति है। आप दुःखी न हों और निश्चिन्त होकर मेरा वध करके अपनी प्रतिज्ञा पूरी करें।"

लक्ष्मण की बात सुनकर वे और भी व्याकुल हो गये। उन्होंने गुरु वसिष्ठ तथा मन्त्रियों को बुलाकर उन्हें सम्पूर्ण वृत्तान्त सुनाया। यह सुनकर वसिष्ठ जी बोले, "राघव! आप सबको शीघ्र ही यह संसार त्याग कर अपने-अपने लोकों को जाना है। इसका प्रारम्भ सीता के प्रस्थान से हो चुका है। इसलिये आप लक्ष्मण का परित्याग करके अपनी प्रतिज्ञा पूरी करें। प्रतिज्ञा नष्ट होने से धर्म का लोप हो जाता है। साधु पुरुषों का त्याग करना उनके वध करने के समान ही होता है।"

गुरु वसिष्ठ की सम्मति मानकर श्री राम ने दुःखी मन से लक्ष्मण का परित्याग कर दिया। वहाँ से चलकर लक्ष्मण सरयू के तट पर आये। जल का आचमन कर हाथ जोड़, प्राणवायु को रोक, उन्होंने अपने प्राण विसर्जन कर दिये।

17

महाप्रयाण

लक्ष्मण का त्याग करके अत्यन्त शोक विह्वल हो रघुनन्दन ने पुरोहित, मन्त्रियों और नगर के श्रेष्ठिजनों को बुलाकर कहा, "आज मैं अयोध्या के सिंहासन पर भरत का अभिषेक कर स्वयं वन को जाना चाहता हूँ।"

यह सुनते ही सबके नेत्रों से अश्रुधारा बह चली। भरत ने कहा, "मैं भी अयोध्या में नहीं रहूँगा, मैं आपके साथ चलूँगा। आप कुश और लव का अभिषेक कीजिये।"

प्रजाजन भी कहने लगे कि हम सब भी आपके साथ चलेंगे।

कुछ क्षण विचार करके उन्होंने दक्षिण कौशल का राज्य कुश को और उत्तर कौशल का राज्य लव को सौंपकर उनका अभिषेक किया। कुश के लिये विन्ध्याचल के किनारे कुशावती और लव के लिये श्रावस्ती नगरों का निर्माण कराया फिर उन्हें अपनी-अपनी राजधानियों को जाने का आदेश दिया। इसके पश्चात् एक द्रुतगामी दूत भेजकर मधुपुरी से शत्रुघ्न को बुलाया। दूत ने शत्रुघ्न को लक्ष्मण के त्याग, लव-कुश के अभिषेक आदि की सारी बातें भी बताईं। इस घोर कुलक्षयकारी वृत्तान्त को सुनकर शत्रुघ्न अवाक् रह गये। तदन्तर उन्होंने अपने दोनों पुत्रों सुबाहु और शत्रुघाती को अपना राज्य बाँट दिया। उन्होंने सबाहु को मधुरा का और शत्रुघाती को विदिशा का राज्य सौंप तत्काल अयोध्या के लिये प्रस्थान किया। अयोध्या पहुँचकर वे बड़े भाई से बोले, "मैं भी आपके साथ चलने के लिये तैयार होकर आ गया हूँ। कृपया आप ऐसी कोई बात न कहें जो मेरे निश्चय में बाधक हो।"

इसी बीच सुग्रीव भी आ गये और उन्होंने बताया कि मैं अंगद का राज्याभिषेक करके आपके साथ चलने के लिये आया हूँ। उनकी बात सुनकर रामचन्द्रजी मुस्कराये और बोले, "बहुत अच्छा।"

फिर विभीषण से बोले, "विभीषण! मैं चाहता हूँ कि तुम इस संसार में रहकर लंका में राज्य करो। यह मेरी हार्दिक इच्छा है। आशा है, तुम इसे अस्वीकार नहीं करोगे।"

विभीषण ने भारी मन से रामचन्द्र जी का आदेश स्वीकार कर लिया। श्रीराम ने हनुमान को भी सदैव पृथ्वी पर रहने की आज्ञा दी। जाम्बवन्त, मैन्द और द्विविद को द्वापर तथा

कलियुग की सन्धि तक जीवित रहने का आदेश दिया।

अगले दिन प्रातःकाल होने पर धर्मप्रतिज्ञ श्री रामचन्द्र जी ने गुरु वसिष्ठ जी की आज्ञा से महाप्रस्थानोचित सविधि सब धर्मकृत्य किये। तत्पश्चात् पीताम्बर धारण कर हाथ में कुशा लिये राम ने वैदिक मन्त्रों के उच्चारण के साथ सरयू नदी की ओर प्रस्थान किया। नंगे पैर चलते हुये वे सूर्य के समान प्रकाशमान मालूम पड़ रहे थे। उस समय उनके दक्षिण भाग में साक्षात् लक्ष्मी, वाम भाग में भूदेवी और उनके समक्ष संहार शक्ति चल रही थी। उनके साथ बड़े-बड़े ऋषि-मुनि और समस्त ब्राह्मण मण्डली थी। वे सब स्वर्ग का द्वार खुला देख उनके साथ चले जाते थे। उनके साथ उनके राजमहल के सभी आबालवृद्ध स्त्री-पुरुष भी चल रहे थे। भरत व शत्रुघ्न भी अपने-अपने रनवासों के साथ श्रीराम के संग-संग चल रहे थे। सब मन्त्री तथा सेवकगण अपने परिवारों सहित उनके पीछे हो लिये। उन सबके पीछे मानो सारी अयोध्या ही चल रही थी। मस्त ऋक्ष और वानर भी किलकारियाँ मारते, उछलते-कूदते, दौड़ते हुये चले। इस समस्त समुदाय में कोई भी दुःखी अथवा उदास नहीं था, बल्कि सभी इस प्रकार प्रफुल्लित थे जैसे छोटे बच्चे मनचाहा खिलौना पाने पर प्रसन्न होते हैं। इस प्रकार चलते हुये वे सरयू नदी के पास पहुँचे।

उसी समय सृष्टिकर्ता ब्रह्माजी सब देवताओं और ऋषियों के साथ वहाँ आ पहुँचे। श्रीराम को स्वर्ग ले जाने के लिये करोड़ों विमान भी वहाँ उपस्थित हुये। उस समय समस्त आकाशमण्डल दिव्य तेज से दमकने लगा। शीतल-मंद-सुगन्धित वायु बहने लगी, आकाश में गन्धर्व दुन्दुभियाँ बजाने लगे, अप्सराएँ नृत्य करने लगीं और देवतागण फूल बरसाने लगे। श्रीरामचन्द्रजी ने सभी भाइयों और साथ में आये जनसमुदाय के साथ पैदल ही सरयू नदी में प्रवेश किया। तब आकाश से ब्रह्माजी बोले, "हे राघव! हे विष्णु! आपका मंगल हो। हे विष्णुरूप रघुनन्दन! आप अपने भाइयों के साथ अपने स्वरुपभूत लोक में प्रवेश करें। चाहें आप चतुर्भुज विष्णु रूप धारण करें और चाहें सनातन आकाशमय अव्यक्त ब्रह्मरूप में रहें।"

पितामह ब्रह्मा जी की स्तुति सुनकर श्रीराम वैष्णवी तेज में प्रविष्ट हो विष्णुमय हो गये। सब देवता, ऋषि-मुनि, मरुद्गण, इन्द्र और अग्निदेव उनकी पूजा करने लगे। नाग, यक्ष, किन्नर, अप्सराएँ तथा राक्षस आदि प्रसन्न हो उनकी स्तुति करने लगे। तभी विष्णुरूप श्रीराम ब्रह्माजी से बोले, "हे सुव्रत! ये जितने भी जीव स्नेहवश मेरे साथ चले आये हैं, ये सब मेरे भक्त हैं, इस सबको स्वर्ग में रहने के लिये उत्तम स्थान दीजिये। ब्रह्मा जी ने उन सबको ब्रह्मलोक के समीप स्थित संतानक नामक लोक में भेज दिया। वानर और ऋक्ष आदि जिन-जिन देवताओं के अंश से उत्पन्न हुये थे, वे सब उन्हीं में लीन हो गये। सुग्रीव ने सूर्यमण्डल में प्रवेश किया। उस समय जिसने भी सरयू में डुबकी लगाई वहीं शरीर त्यागकर परमधाम का अधिकारी हो गया।